Transformons la forme !

APPRENEZ À CONNAÎTRE VOS LIMITES,
SURPASSEZ-LES POUR DÉCOUVRIR
VOTRE VRAI "VOUS-MÊME".

DR JEAN HÉDER PETIT-FRÈRE

Kingdom Records Unlimited (KRU)
www.krunltd.com

« Je vous exhorte, frères, par les compassions de Dieu, à offrir vos corps comme un sacrifice vivant, saint, agréable à Dieu, ce qui sera de votre part un culte raisonnable.

Ne vous conformez pas au siècle présent, mais soyez transformés par le renouvellement de l'intelligence, afin que vous discerniez quelle est la volonté de Dieu, ce qui est bon, agréable et parfait. »

(Épître de Paul aux Romains, 12 v 1-2)

Je dédie ce livre d'abord à Dieu, source sûre de toutes connaissances, à ma femme bien-aimée, au staff managérial et aux ambassadeurs et ambassadrices du Centre Diplomatique Famille Tabernacle de Louange (**CDFTL**).

SOMMAIRE

Remerciements 1

Préface 3

Introduction 7

CHAPITRE I

La Transformation dans la dynamique du changement 12

La transformation implique un renouvellement de la pensée 17

CHAPITRE II

La transformation pour un nouveau mode de vie 30

Quatre sources d'influence sur notre système de croyances : 34

CHAPITRE III

Le carrefour incontournable du changement 39

CHAPITRE IV

Le mécanisme du changement — 49

Voici quatorze étapes vers un changement réel : — 51

Six stratégies pour arriver au changement : — 52

CHAPITRE V

Le compromis : ennemi du changement — 55

CHAPITRE VI

Quatre influences vers le compromis spirituel — 63

a) Demeurer en de mauvaises compagnies — 63

b) Se retrouver à la mauvaise position — 69

c) Participer aux mauvaises activités — 71

d) Méditer sur les mauvaises pensées. — 72

Conclusion

Remerciements

Je voudrais profiter de ces quelques paragraphes pour adresser un remerciement tout particulier à mon Seigneur, mon Roi et mon Maître qui a su toujours intervenir en ma faveur et me procurer l'inspiration nécessaire par le truchement du Saint-Esprit, le Gouverneur du Royaume, en vue de la réalisation de ce projet.

Mes remerciements s'adressent également à ma chère épouse, la révérende Marcia E. PETIT-FRÈRE, pour son impayable support dans la réalisation de ce projet.

J'exprime aussi mes sentiments de gratitude à l'endroit de tous mes collaborateurs ministériels et à toute l'équipe Éditoriale de Kingdom Productions.

Préface

Il est un fait incontestable que nous ne sommes pas la personne que nous étions hier. Nous ne sommes donc pas statiques. Nous évoluons en tant que personne. Nous grandissons, mûrissons, vieillissons et mourons. Que nous le voulions ou non, nous sommes en permanence assujettis à la loi du changement. C'est l'ordre naturel des choses et nous ne pouvons pas aller à l'encontre de ce principe ou essayer de le modifier, mais l'accepter avec sérénité.

Le monde dans lequel nous évoluons est en constante transformation. L'homme vieillit à chaque minute qui passe. Le jour cède à la nuit et vice-versa. La vie, quant à elle, cède à la mort. L'enfant devient vieux. L'herbe verte aujourd'hui, quelque temps après elle sèche. Une saison succède à une autre. Dans le système héraclitéen, l'on dirait que l'Être est en perpétuel écoulement, en perpétuel devenir. Jamais la forme est statique !

Dans cet ouvrage, que je considère comme une invitation aux lectrices et lecteurs à s'assumer pour de meilleurs impacts, l'auteur indique avec raison que : « *Chaque événement qui se produit dans notre vie, chaque scène que nous voyons défiler devant nous est une invitation à un examen de conscience et de réflexion sur notre destinée.* » Souvent nous n'en avons pas trop conscience. Voilà pourquoi certains se comportent en de véritables spectateurs de leur environnement immédiat ; d'autres en figurants, préférant laisser les choses se faire. Parce qu'ils craignent l'inconnu, ils préfèrent rester, bon gré mal gré, dans leur zone de confort. Ils ne veulent pas agir pour changer parce que changer génère de l'incertitude et cette incertitude fait parfois peur. Par conséquent, ils subissent les événements, c'est-à-dire, les changements.

Cependant, il y a une autre catégorie qui agit en vue d'influencer et d'impacter pour préparer l'avenir. C'est la catégorie des acteurs, des gens qui agissent parce qu'ils croient, comme le postule si bien le pasteur Jean Héder PETIT-FRÈRE, que rien ne peut changer autour d'eux si rien ne change en eux. Les acteurs croient qu'ils doivent agir à transformer la forme et ne pas laisser les choses se faire sans qu'ils n'y soient eux-mêmes engagés. **TRANSFORMONS LA FORME**, ce titre du Dr PETIT-FRÈRE s'inscrit dans cette logique de la philosophie du changement perpétuel pour porter chacun à comprendre que l'avenir dépend des actions que l'on pose aujourd'hui. Qu'il s'agisse du spirituel ou du matériel, la décision que nous prenons ici et maintenant est déterminant dans ce que sera demain.

Si l'on croit que rien de bon ne se passera, rien de bon ne se passera. Mais si l'on estime qu'à partir des mouvements effectués sur la matière, sur notre réalité, la forme se rapprochera plus ou moins ou totalement de ce dont on avait rêvé, c'est ce que l'on verra tôt ou tard. En ce sens Williams James avait raison lorsqu'il disait : « *La plus grande découverte de notre génération a été de s'apercevoir qu'un homme peut changer sa vie en modifiant sa façon de penser.* » Plus que jamais, pour arriver à transformer la forme, une transformation personnelle s'impose.

Il y a beaucoup d'exemples dans la Bible de personnes qui ont été délivrées après avoir accepté d'abord de croire que ce qu'ils espéraient était possible d'être matérialisé. Bartimée avait cru d'abord que c'était possible bien avant de recouvrer la vue à l'entrée de Jéricho (Marc 10 : 46-52). La femme qui souffrait pendant douze ans d'une perte de sang avait la ferme conviction que sa guérison était possible (Marc 5 : 25-34).

La déclaration de Jésus à Marthe concernant son désespoir après à la mort de son frère Lazare est claire : « *Si tu crois, tu verras la gloire de Dieu.* » En d'autres termes, on ne peut connaitre d'exploits si d'abord on ne croit pouvoir en jouir. Pour transformer la forme, il faut d'abord croire en disposer l'énergie nécessaire. Il faut la foi. C'est à cela que les gens verront à travers les actions pour transformer la forme la différence entre qui vous êtes et qui vous voulez être. Car qui vous êtes et qui vous voulez être réellement résident dans ce que vous faites.

Pour mieux comprendre comment transformer la forme et vivre de façon épanouie, vous avez bien fait de choisir **TRANSFORMONS LA FORME** de ce leader visionnaire qui a toujours cru que c'est possible d'opérer des miracles dans les communautés. Parce Dieu n'a de main, de pied et de bouche et n'opère aucun changement qu'au travers de Ses valeureux ambassadeurs. Nous avons l'ultime obligation d'écrire notre histoire que d'autres liront pour s'inspirer, espérer et agir dans le sens de cette transformation de nos communautés pour la pleine gloire du Créateur.

Sony Lamarre JOSEPH
Écrivain/ Communicologue

Introduction

Le monde semble ne plus être ce qu'il fut autrefois. Depuis les temps anciens jusqu'au Moyen-Âge, les gens faisaient usage de matériau gras tel que le suif ou l'huile végétale hydrogénée comme moyen d'éclairage ou pour allumer un feu. De nos jours, nous disposons du four à gaz, du courant électrique ou des panneaux solaires, et les bienfaits qu'ils nous procurent sont ineffables.

Nos grands-parents devaient accéder au sommet d'une montagne pour communiquer à distance l'un avec l'autre en utilisant l'écho de leurs voix. Au XXIe siècle, les téléphones cellulaires et l'Internet sont devenus tellement courants et à la portée de tous qu'ils finissent par rétrécir notre monde en facilitant la communication et ainsi améliorer ou détériorer le développement des rapports humains dans un laps de temps.

L'expérience de la technologie est devenue plus qu'une simple fantaisie. Elle se révèle être un instrument très utile et quelques fois indispensable. Deux personnes peuvent s'entretenir dans un même espace sans qu'il leur soit nécessaire de se déplacer ni de se déranger ou de nuire à qui que ce soit. Le monde est ainsi fait. Rien de ce qui a été créé ne demeure statique. Qu'il s'agisse de la création et de son contenu, tout dans l'univers se transforme inévitablement. C'est un principe cosmique, toute chose dans l'univers finit par se modifier, se transformer, s'améliorer ou se dégénérer avec le temps. Tout change soit pour le mieux ou pour le pire. Le changement, dit-on, est la seule constante qui existe dans la nature.

Transformons la forme

Quand est-il de nous autres, les êtres humains ? Sommes-nous, nous aussi, assujettis en permanence, à la loi du changement ? Avant de naître ici-bas, nous étions dans la pensée de Dieu, jusqu'au jour où une heureuse aventure a donné naissance à un fœtus. Nous sommes nés et avons grandi de l'enfance à l'adolescence, de l'adolescence à la jeunesse, de la jeunesse à l'adulte, de l'adulte à la vieillesse, de la vieillesse à la dégénérescence. L'ironie est que nous sommes nombreux, pour la plupart, à avoir fait ce long parcours sans y accorder une valeur réelle.

Beaucoup de personnes meurent avec le regret de ne pas pouvoir revenir en arrière pour changer une scène ou une condition de leur vie. Car rien ne peut changer autour de vous si rien ne change en vous. Il est donné à chacun de nous la possibilité de faire le point sur notre vie, de faire une évaluation de nous-mêmes. Chaque événement qui se produit dans notre vie, chaque scène que nous voyons défiler devant nous est une invitation à un examen de conscience et une réflexion sur notre destinée.

Assez souvent, les nouvelles dispositions pour améliorer notre personne et notre vie ou pour les détruire proviennent des séquelles d'une mauvaise expérience. Nous voulons changer ou être changé sans accepter le prix qui y est rattaché. Nous nous plaignons à longueur de journée des situations. Or nous continuons à poser les mêmes actes, à nous complaire dans les mêmes ambiances nocives et à fréquenter les mêmes compagnies. Il est dans la nature des mêmes causes de produire les mêmes effets. Seule une personne atteinte de démence continue à poser les mêmes actions et espérer obtenir des résultats différents. Nous devons comprendre que les seules options possibles demeurent que nous soyons conscients du besoin de ce changement et de nous décider à nous y atteler ou que nous nous taisions !

Transformons la forme

Si vous continuez à expérimenter des événements fâcheux dans votre vie ou à avoir des résultats non désirés, ce n'est pas vous-mêmes en tant qu'enveloppe charnelle nécessitant ce changement, mais votre être intérieur qui a besoin d'être changé. Jésus a dit : « *C'est du cœur que viennent les mauvaises pensées, les meurtres, les adultères, les impudicités, les vols, les faux témoignages, les calomnies, et ce sont elles qui souillent et dégénèrent l'homme.* » En réalité vous êtes vos idées.

Cette vérité révélée par le Christ montre de façon limpide que les pensées de l'Homme jouent un rôle décisif dans sa construction, son épanouissement, son succès ou son échec, indépendamment de la nature de ces dernières. Vos pensées sont-elles transformées par le renouvellement de l'intelligence ou conformées selon le système fonctionnel du monde ? Si vous n'avez pas encore de réponse pertinente à cette question, je vous invite à scruter ces quelques bribes d'idées, lesquelles vous permettront de libérer l'énergie cachée et inexploitée qui est enfouie au tréfonds de vous.

Dr Jean Héder PETIT-FRÈRE

CHAPITRE I

La Transformation dans la dynamique du changement

De l'avis de certaines définitions dictionnairiques, le mot « *transformation* » se dessine en ces termes : changement de forme ou d'aspect extérieur, changement physique, moral ou psychologique favorable ou défavorable de quelqu'un, et sur le plan médical c'est l'amélioration de l'état de santé d'une personne. Mais la « *transformation* » dont il s'agit ici, dans cet ouvrage, n'est pas une simple amélioration de notre état d'être ni de notre aspect extérieur.

Il est fondamentalement question d'un renouvellement radical de notre système de pensées en vue d'améliorer et de solidifier notre relation d'avec Dieu, reconsidérer notre façon de croire en Lui, en nous-mêmes et au monde en général. Au sujet de la nécessité de ce changement, l'apôtre Paul, dans son épître aux chrétiens de Rome, recommande à travers ces propos :

« *Je vous exhorte donc, frères, par les compassions de Dieu, à offrir vos corps comme un sacrifice vivant, saint et agréable à Dieu. Ce qui sera de votre part un culte raisonnable. Ne vous conformez pas au siècle présent, mais soyez transformés par le renouvellement de l'intelligence, afin que vous discerniez quelle est la volonté de Dieu : ce qui est bon, agréable et parfait* », (**Épître aux Romains 12, 1-2**).

Offrir son corps en sacrifice n'est pas chose impossible, ce n'est pas non plus le fruit d'un choix aveugle; tout ce que le Seigneur Dieu nous demande de faire est à notre portée. Il suffit de le vouloir pour l'accomplir. Dans ce passage, il est dit au deuxième verset de ne pas nous conformer au siècle présent, mais d'être transformés par le renouvellement de notre intelligence. Il est à souligner tout au début de cette étude que quelqu'un n'ayant pas un esprit renouvelé ne pourra pas discerner ce qui est bon, agréable et parfait.

Ici, l'apôtre parle en utilisant le mot grec « *parakaleo* » se traduisant en français par « *exhorter* ». Ce mot est employé en raison de ce qu'il a déjà recommandé aux Romains dans les chapitres huit et neuf respectivement. Il définit clairement la position des Juifs qui devaient revenir à Christ, leur vrai Maître, et insiste sur l'application pratique de la Parole de Dieu dans leur vie. C'est comme s'il voudrait dire : après que je vous ai tout raconté et enseigné, je vous exhorte à offrir vos corps comme un sacrifice vivant. En d'autres termes, si l'on ne saisit pas l'essence des chapitres précédents, il nous sera très difficile de comprendre ce que Paul voulait effectivement exprimer au chapitre douze.

Au début du chapitre, l'auteur fait usage de l'expression : « *Je vous exhorte* ». Généralement, nous avons une mauvaise compréhension du mot « exhortation ». Nous voyons souvent en la personne qui exhorte, quelqu'un qui donne des ordres. Selon les explications trouvées dans la Bible, ce terme a toutefois une connotation tout à fait contraire par rapport à ce que nous avons gardé et nourri dans notre pensée. Son emploi insinue l'expression d'une pensée souple à l'endroit du peuple de Dieu. C'est comme par supplication qu'il leur demande de s'offrir à Dieu, s'ils veulent effectivement Lui présenter un culte raisonnable.

Transformons la forme

1) La transformation : un sacrifice de soi

a) « Présentez-vous comme un sacrifice vivant, agréable et parfait »

Aux temps anciens, le peuple devait offrir à Dieu des taureaux, des agneaux, des pigeons, des tourterelles... Ces animaux ne devraient avoir aucune déformation, leur aspect devait présenter l'allure d'une bête saine, car Dieu n'agrée aucune offrande qui ne corresponde pas à des valeurs absolues et incontestables en symbole, en signification et dénuées de toute forme de mesquinerie ou d'arrière-pensée. Dieu n'accepte aucune chose qui n'ait une estimation réelle pour son donateur. C'est donc en connaissance de cause que le roi David répondit à Ornan, le Jébusien :

« *Je ne présenterai point à l'Eternel ce qui est toi, et je n'offrirai point à mon Dieu un holocauste qui ne me coûte rien* », (**1 Chronique 21, 24**).

Cela signifie que nous devons toujours offrir à Dieu la meilleure partie de ce que nous détenons et non une partie quelconque de ce qui nous reste. Le roi Salomon, en suivant les exemples de son père, suggère d'honorer Dieu avec nos biens et avec les prémices de tous nos revenus (Proverbe 3, 9-10). À souligner que, hormis les biens matériels, les meilleures prémices que nous pouvons offrir au Seigneur sont « *nous-mêmes* ».

Dieu veut toujours occuper la place d'honneur dans notre vie. Ainsi, il ne manquera pas de nous honorer. Il est donc important de savoir qu'il y a, ce que nous appelons : un « *principe de réciprocité* » dans notre relation d'avec Dieu. Paul nous demande de nous offrir à Dieu personnellement comme un sacrifice vivant, agréable et parfait, ce qui donne l'aspect d'un culte raisonnable. Parce qu'autrefois l'animal devrait être sain et sans défaut à la vue de tous et aux yeux de Dieu Lui-même.

Aujourd'hui, à la place des animaux, Dieu nous facilite la tâche en exigeant de nous notre propre corps. Alors, le sacrifice que nous présentons doit être saint. En d'autres termes, nous devons nous présenter au Seigneur non de façon saine, mais de façon sainte, c'est-à-dire sans souillure d'esprit ni réserve de pensée. Dieu veut toute notre vie et non une partie, jamais Il n'acceptera de cohabiter avec quelque autre entité qui soit.

Le mot « *saint* » ne signifie pas être totalement vidé de ses péchés ou être entièrement pur ; il est utilisé au sens large et complet. Cela veut dire que nous devons nous livrer à Dieu sans aucune crainte des précédents ni de ce qui pourrait advenir. Il signifie que nous devons à Dieu une allégeance complète et sans réserve.

Si nous prenons le temps de bien observer, nous finirons par nous rendre compte que la Bible embrasse tous les aspects de notre vie. Qu'ils soient physique, moral, spirituel, émotionnel, économique et financier. Désormais, à la place des animaux, Dieu veut que tout notre être Lui soit offert afin d'être en mesure de Lui présenter un culte à la dimension de Sa sainteté, et à bien remarquer que l'autre partie du verset précise :

« *Ce qui sera de votre part un culte raisonnable*», **Romain 12 : 1.**

b) Un culte raisonnable

Le culte que nous offrons à Dieu doit se faire entièrement, c'est-à-dire avec notre corps, notre âme et notre esprit. Avec notre corps, en soumettant tous nos membres à son service, avec notre âme en contrôlant notre volonté, nos émotions et nos passions, et avec notre esprit, en inclinant notre pensée à l'autorité de la Parole du Seigneur. Dans cette partie, l'apôtre s'attaque surtout aux idolâtres qui s'adonnaient à des cultes déments, déraisonnables, et insensés. À souligner que le fait pour vous de vivre en dehors des impudicités, le Ciel ne s'en étonne pas. Vous ne méritez aucunement une prime, en raison de votre sainteté. Vivre dans la sanctification a toujours été le normal du Royaume. C'est un culte raisonnable, donc normal ! Ce qui fera la différence c'est d'aller au-delà du commun des mortels, c'est faire quelque chose qui mettra les cieux en branle. Accomplissez votre destinée et aidez les autres à accomplir les leurs. Si on vous demande de faire un kilomètre, faites-en deux, nous recommande Jésus, (Matthieu 5, 41).

Au premier chapitre de son épître aux Romains, l'apôtre dit : «... *Eux qui ont changé la vérité de Dieu en mensonge, et qui ont adoré et servi la créature au lieu du Créateur, qui est béni éternellement.* »(4) Quand on est animé de bon sens, on a plus que mille et une raisons d'adorer Dieu à la place des idoles. Si nous faisons le choix raisonnable, le culte sera aussi raisonnable. Les mots que Paul emploie ici ne sont pas choisis au hasard. Il nous demande de nous offrir à Dieu comme un sacrifice vivant, saint et agréable parce qu'Il veut que nous Lui appartenions entièrement. C'est pourquoi le psalmiste nous rappelle dans le centième psaume au troisième verset: «...*C'est Lui qui nous a faits, et nous Lui appartenons ; nous sommes son peuple et le troupeau de son pâturage.*»

La transformation implique un renouvellement de la pensée

« Ne vous conformez pas au siècle présent, mais soyez transformés par le renouvellement de l'intelligence afin que vous discerniez quelle est la volonté de Dieu ; ce qui est bon, agréable et parfait », (**Romains 12, 1-2**).

a) Qu'est-ce que cela veut expliquer de manière implicite ?

L'apôtre Paul, en nous faisant une telle exhortation, a voulu nous dire qu'il ne nie pas l'existence de beaucoup de situations qui peuvent nous porter à nous mettre en conformité avec le siècle présent. Par contre, la Bible exige de nous de ne pas aimer le monde ni les choses qui sont dans le monde, car si quelqu'un aime le monde, c'est-à-dire son système de pensées et de fonctionnement, l'amour du Père ne sera jamais en lui.

À noter que cette « conformité au siècle présent » n'a rien à voir avec le port des habits, des bijoux, l'usage des produits cosmétiques ou autres, pourvu que cela se fasse avec décence. Le passage s'explique par lui-même. En effet, dans la deuxième partie du verset, Paul s'est exprimé avec beaucoup d'aisance et de la façon la plus simple possible :

« Mais soyez transformés par le renouvellement de l'intelligence... »

Transformons la forme

Le renouvellement de l'intelligence, c'est un changement de mentalité, la façon correcte de voir les choses à la lumière de la Parole de la Connaissance de Dieu. Cependant, il n'est pas donné carte blanche à ceux voulant prendre des prétextes pour justifier une vie déréglée. De toute évidence, une personne qui choisit de se comporter en dehors des principes bibliques en se livrant à des actions abominables, tandis qu'elle se dit chrétienne, fait face à un gravissime problème de conscience et de connaissance de la Parole de Dieu.

Prenons l'exemple d'une fille circulant en pleine rue en tenue décolletée, c'est-à-dire vêtue indécemment ou même presque nue. Elle se met peut-être en tête si elle marchait le long de la rue totalement nue, les garçons la prendraient pour une folle et ne s'intéresseraient guère à elle. Alors pour attirer les regards masculins, elle dissimule expressément une petite partie de son corps de sorte que l'on puisse se demander ce qui peut bien être en dessous de ces quelques millimètres de tissu. Ainsi, pour nous autres citoyens du Royaume de Dieu, quand nous avons la connaissance de la Parole de Dieu, il nous sera très facile de faire la différence entre la décence et l'indécence, de distinguer le bien du mal et grâce à notre pensée renouvelée, discerner la volonté de notre Roi, à ce moment nous serons en mesure de gérer nos émotions en nous fixant des limites.

En réalité, en face du mal nous ne sommes pas impuissants, mais souvent, nous ignorons notre capacité à vaincre le mal par la connaissance et la pratique de la Parole de Dieu. C'est pourquoi Dieu s'est montré mécontent vis-à-vis de ses enfants à travers ce court énoncé: « *Mon peuple est détruit, parce qu'il lui manque la connaissance* », (Osée 4 : 6).

Si l'on place un homme sensé en présence d'une femme portant au front une étiquette sur laquelle est inscrite la phrase suivante : « *Attention ! Vous risquez d'attraper le virus du sida !* » Même quand il serait l'homme le plus « *macho ou gentleman* » du monde, l'intérêt qu'il porterait vers cette femme ne sera plus le même. Qu'il soit un passionné des relations sentimentales et sexuelles ou non, il y aurait dans ce cas-ci une démotivation complète où tous ses désirs disparaîtraient par le seul motif d'avoir vu le signe indicateur de danger.

Ce manque d'intérêt est dû au fait qu'on est informé au préalable de l'existence du virus et de ses conséquences. On peut ne pas admettre cette thèse. Mais il y a aussi un niveau suivant lequel on applique la Parole de Dieu, que l'on veuille ou non, qui produira des résultats concrets. Rappelez-vous que je vous ai dit qu'il existe des moyens de ne pas se conformer au siècle présent. Paul veut nous faire comprendre que l'intelligence est constituée de deux éléments fondamentaux : l'esprit et la pensée. Car il nous dit : « *Soyez transformés par le renouvellement de l'intelligence.* » Dans le mot « *transformation* », nous trouvons la racine du mot grec : « *matamorpho* » dont l'équivalent français est « *métamorphoser* » et qui signifie « *transformer* ».

En 1960, plusieurs chercheurs américains ont publié dans une revue scientifique intitulé « *Light* », les résultats relatifs au phénomène de la métamorphose chez les chenilles. En réalité, toute chenille porte en elle les germes pouvant lui permettre de devenir éventuellement un papillon. Cependant jusqu'à ce qu'elle ait subi la métamorphose, elle ignore cette vérité et se sent confortable dans son état rampant. Paul parle du renouvellement de la pensée.

Transformons la forme

En effet, tout changement survenu dans la vie d'une personne passe d'abord par sa pensée. La chenille a toujours été un papillon, mais elle devait attendre sa maturité pour se transformer avec beaucoup de concentration et de douleur. C'est le prix naturellement imposé en échange de son inévitable transformation qui facilitera sa nouvelle forme merveilleuse et libre. Cela n'est pas différent pour nous qui voulons plaire à Dieu. Nous devons subir notre transformation en abandonnant notre vieil homme pour nous revêtir de l'homme nouveau. Ce qui n'est pas facile à cause de notre nature pécheresse, mais heureusement ce n'est pas impossible.

Toutefois, nous devons grandir pour atteindre ce stade de notre vie auquel Dieu nous a prédestinés. Certes, nous sommes certaines fois conditionnés par une mentalité de défaite et de résignation, mais nous ne devons pas rester plantés, espérant un jour meilleur dans notre relation avec notre Maître, alors que nous ne consentons pas à en payer le prix.

Remarquons que la chenille acceptait sa situation, en prenant plaisir à ramper d'un endroit à un autre, jusqu'à ce qu'elle se soit rendue compte de sa responsabilité à pouvoir s'envoler en abandonnant ses vieilles habitudes. Pendant longtemps, nous nous sommes assujettis à la loi du péché et de la pauvreté, il est donc grand temps pour nous, chers concitoyens des saints, de rompre radicalement et définitivement avec notre position de « *vaincus et de défaitistes* » pour finalement mener une vie nouvelle et enrichie en Christ. Ce phénomène exige un certain effort. Ce dernier nous pousse à traiter durement notre corps. Cela vaut aussi le coup. Car Dieu veut opérer des miracles dans notre vie, c'est à nous de Lui donner l'accès.

Transformons la forme

b) La transformation exige un changement de mentalité

Revenons à la métamorphose de la chenille. Les chercheurs ont rapporté qu'au cours du processus, ils avaient permis à certaines chenilles de se débarrasser de leur enveloppe, et qu'en guise de s'envoler, elles sont restées inertes à cause de la non-concentration de leurs muscles. Elles étaient devenues des « *chenilles à ailes* » ; elles sont restées à l'état de chenille en dépit de leurs longues ailes parce que le processus n'a pas été scrupuleusement complété.

Ce principe exige un effort personnel. Cette facette du processus s'adapte aussi à nous qui sommes aujourd'hui des disciples de Jésus. Dieu veut que nous respections ses principes. De toute évidence, il ne les violera à aucun moment donné ni pour nous ni pour quiconque d'ailleurs. Au contraire, il veut que nous les appliquions afin de voler à notre secours. Il est impossible de remporter des victoires sans développer l'esprit de vainqueur.

Nous devons nous réveiller pour affronter notre réalité. Il est dans le plan de Dieu de nous procurer tout ce dont nous avons besoin ; cependant, notre ignorance l'empêche de nous délivrer. Je suis convaincu que le moyen le plus sûr d'y parvenir, c'est le processus de la transformation auquel Dieu nous appelle tous. Il dispose de beaucoup plus que ce dont nous disposons présentement. Faisons preuve d'intelligence et nous verrons éclater sa gloire dans notre vie.

L'apôtre nous dit « *Soyez transformés* ». Cette transformation doit d'abord commencer par s'opérer au niveau de notre pensée. Nous devons affronter notre mentalité. Dieu sait comment changer l'homme, « *Lui qui forme leur cœur à tous* », nous apprend le Psaume 33 : 15. Son processus peut paraître long, mais il est le plus sûr et le plus efficace. Nous devons Lui faire confiance, car quand nous sommes transformés suivant Son plan, nous sommes du même coup assurés d'une vie réellement renouvelée. Dieu veut que nous soyons transformés afin que nous devenions à notre tour des agents de transformation pour aider et orienter les autres vers la voie de ce même processus.

Comme agents de transformation, notre mission, c'est de nous reposer sur l'évidence de la Parole de Dieu pour influencer notre mentalité. Ceux qui ne connaissent pas Dieu pensent différemment de nous et ignorent ce que nous sommes réellement. Ainsi nous ne devons pas chercher à leur ressembler. Qu'ils soient princes, qu'ils soient rois, nous devons garder notre fierté d'être fils et filles du Roi des Rois. C'est pourquoi nous devons consentir un effort en notre mentalité pour penser et agir comme des enfants de Dieu et leur démontrer la différence.

Il est donc grand temps d'abandonner nos mauvaises pensées, nos vieilles habitudes, notre attitude de complexe d'infériorité ; notre paresse, nos convoitises charnelles et sexuelles. Notre Seigneur et notre Dieu est prêt à les recevoir pour les remplacer par des pensées pures, de nouvelles et bonnes habitudes, la confiance en soi, un esprit d'initiative et un comportement sexuel responsable. En d'autres termes, nous devons porter en nous la Pensée de Dieu.

La Bible déclare : « *Tel un homme pense en son cœur, tel il est* ». En réalité, nous sommes ce que nous pensons. Le problème auquel nous sommes confrontés ne réside pas dans ce que nous sommes en tant qu' « *êtres* » sur le plan morphologique mais dans ce que nous pensons. Dieu n'éprouve aucun plaisir dans notre situation de défaite ou de misère. C'est un Dieu de grandeur et d'abondance. Il veut que nous pensions et agissions comme Lui. Si nous constatons que nous nous trouvons dans un état que nous n'aimons pas, ce n'est pas nous (*en tant personnes physiques*) qui avons besoin d'être changés, mais plutôt ce que nous déduisons de nous-mêmes, c'est-à-dire notre habitude de penser vis-à-vis de nous-mêmes qui nécessite pleine modification. Nous sommes ce que nous pensons.

Imaginons un adolescent qui - depuis sa tendre enfance - fait face à des situations de défaite, ses parents s'expriment toujours avec violence, l'exposent à des scènes de bagarre et se disputent sans arrêt en échangeant des propos malsains et indécents en sa présence. Tandis qu'un autre, lui, entend toujours des mots d'encouragement de ses parents, assiste à des réunions de famille, discute avec ses parents de ses goûts et ses devoirs. Quel sera alors le résultat dans ces deux cas ? Tout naturellement, ces deux jeunes reproduiront exactement les scènes qu'ils ont respectivement vécues, s'ils ne feront pas beaucoup plus. Cela signifie que, quand nous avons l'habitude d'entendre des paroles négatives, nous les enregistrons et elles réapparaissent au moment opportun. L'inverse est tout aussi vrai : quand nous entendons, dès notre plus jeune âge, des paroles positives, nous ne faisons que les reproduire à l'avenir.

Puisque Dieu n'accepte jamais la défaite et ce n'est non plus son plan pour nous, nous devons nous élever à sa dimension pour bénéficier pleinement de ses faveurs. Je voudrais que vous vous souveniez toujours que les notions de richesse ou de pauvreté sont une question de mentalité. Avoir beaucoup d'argent ne signifie nullement être riche. Ne rien posséder n'est non plus une preuve de pauvreté. Tout est d'abord question de mentalité et d'attitude.

Transformons la forme

Prenons l'exemple de quelqu'un qui doit changer une pièce défectueuse dans sa voiture. Il en achète une autre toute neuve. En guise de jeter la pièce usée pour la remplacer définitivement, il la conserve dans le coffre de sa voiture, parce que redoutant une éventuelle aggravation de sa situation économique et financière, il se pourrait que cette pièce quoique détériorée s'avère très utile à un moment donné. Ceci est la manifestation d'un instinct de pauvreté. C'est comme s'il se mettait en tête qu'il se retrouverait peut-être un jour dans une situation pire. C'est pourquoi, j'encourage toujours les membres de la congrégation à être conscients des paroles qui sortent de leurs bouches ; qu'elles soient proverbiales, culturelles ou circonstancielles, telles : « *m pa pi mal non !* », ou « *n ap boule !* » ou « *n ap gade !* ». La parole a-t-elle vraiment une quelconque incidence sur nos vies, la Bible dit-elle véritablement : la mort et la vie sont au pouvoir de la langue, le monde a-t-il vraiment été créé par la parole ? À quel niveau de mal avons-nous besoin de parvenir pour que nous comprenions finalement que nous sommes les prophètes de notre vie ?

Ce n'est pas normal que beaucoup de chrétiens nourrissent en eux cette forme d'addiction. Ils pensent qu'il y va de la volonté de Dieu de rester dans la pauvreté, de vivre dans la crasse et croupir dans la misère espérant qu'un beau jour le corbeau leur apportera de quoi se nourrir, sans élaborer une stratégie pour y parvenir. La Bible encourage l'effort.

Honorables concitoyens des saints, pour changer notre vie, nous devons nous créer notre propre réalité. Trop longtemps, nous avons subi la loi de la défaite et avons été conditionnés par ce mode de vie. Nous devons nous déprogrammer de cet héritage multiforme pour nous laisser reprogrammés selon la philosophie et la culture du Royaume. Dieu veut que nous pensions et agissions autrement, en nous attaquant d'abord à nos pensées et à nos sentiments par la pratique régulière de la lecture et l'application de Sa Parole.

Notre pensée est une graine qui est semée dans nos sentiments. Nos sentiments se forment dès notre conception biologique et s'enchaînent à mesure que nous grandissons. Notre pensée représente notre semence et nos sentiments une terre fertile. Nous devons continuellement arroser notre semence par l'étude et la méditation de la Parole de Dieu pour mieux drainer notre champ que représentent nos sentiments. Dieu, en confiant à Josué la tâche de conduire le peuple d'Israël à la terre promise, lui fit cette injonction :

« Que ce livre de la Loi ne s'éloigne point de ta bouche ; médite-le jour et nuit, pour agir fidèlement selon tout ce qui y est écrit : Car c'est alors que tu auras du succès dans tes entreprises, c'est alors que tu réussiras», (**Josué 1 : 8**).

Nous avons appris que le cerveau se divise en deux parties. Une partie gauche et une autre droite. La première est celle qui est la plus logique, réaliste et pratique alors que celle de droite est plus émotionnelle. D'où l'on se réfère à une partie consciente et subconsciente du cerveau.

Pour réaliser un projet, les deux parties doivent synchroniser et se mettre en parfait accord ; l'une ou l'autre ne doit pas prendre le dessus. C'est pourquoi la confession est un élément prioritaire dans la relation avec Dieu. Si nous pensons être d'une façon et ne le croyons pas réellement, nous espérons en vain. Ainsi, l'apôtre Jacques met en garde contre le doute qui représente un handicap sérieux quant au développement et à la progression de nos pensées et sentiments pour atteindre l'objectif que nous nous fixons. Dieu nous dote de valeurs (mérites, dons et grâces excellentes) et de grandeur, nous devons seulement nous en rendre compte.

La chenille est un papillon jusqu'à ce qu'elle se rende compte de son état de papillon. Nous serons victorieux quand nous nous rendons compte que notre victoire dépend de nous. À condition de méditer sur la Parole de Dieu, de mener une vie propre et irréprochable devant Dieu, de nous remettre entièrement à Lui, de réclamer et confesser les richesses et les bénédictions qu'Il nous réserve et dont Il veut nous combler.

J'aime particulièrement Michael Jordan. Il a été un grand champion. Tout ce qu'il fait dans son domaine lui réussit. Cela est une manifestation du don qu'il a reçu pour cette discipline sportive. Il a pourtant essayé dans bien d'autres domaines qui ne lui ont pas rapporté autant de succès. En d'autres termes, le don que nous avons reçu doit être d'abord identifié et soumis à un entraîneur avant de pouvoir nous procurer le succès et ainsi desservir le monde en bienfaits, en exemple ou en inspiration.

Malgré tout le talent de Jordan, il lui avait fallu un entraîneur pour l'aider à extérioriser et mettre à profit ce qu'il avait de caché en lui. Ainsi, notre succès dépend du don enfoui en nous et que nous sommes appelés à faire valoir. Dieu veut être notre entraîneur. Il veut que nous lui fassions confiance afin de nous conduire à la destinée qu'il nous a réservée. Adaptons-nous à son plan et nous réussirons. Rejetons l'idée de défaite, de pauvreté ou de fausse humilité ; dotons-nous d'une mentalité forte, accrochons-nous à Lui. Dieu n'est pas à court de ressources, mais de récipients dignes

Transformons la forme

et disponibles pour recevoir ses riches et abondantes bénédictions. Dans 2 Rois 4 : 6 , il est écrit : «...*Présente-moi encore un vase. Il lui répondit : il n'y a plus de vase. Et l'huile s'arrêta.* ». Il est à noter que le Ciel n'était pas à court d'huile, mais à la femme de vases.

Transformons la forme

CHAPITRE II

La transformation pour un nouveau mode de vie

a) Une vie basée sur le discernement.

Au chapitre précédent, nous avions parlé du processus de transformation en considérant la racine du mot « métamorphose ». Ce qui nous pousse à déduire que le processus de transformation provoque des conséquences considérables. Dès qu'il s'agit de transformation, il faut toujours être prêt à prendre une décision. Le changement n'est jamais le fruit du hasard ; c'est le résultat d'un choix.

Au deuxième verset de Romains XII, Paul indique que le véritable changement est celui de la pensée. La transformation dont parle l'apôtre est essentiellement substantielle pour une vie triomphante en Christ. Tout doit passer par notre façon de penser et d'agir. Rappelons-nous que les gens du dehors réfléchissent à leur manière, ils mènent leur vie comme bon leur semble et choisissent leur plan de réussite selon leur propre caprice. Quant à nous, c'est autre réalité. Seuls ceux qui sont transformés par la parole de Dieu peuvent réellement discerner ce qui est mal.

Il sera impossible d'espérer de bonnes choses d'un individu ignorant les règles de Dieu. C'est normal pour lui de fréquenter les lieux de débauche, pourvu que cela lui procure du plaisir, aussi éphémère soit-il. Pour lui, il est tout à fait raisonnable d'avoir des relations sexuelles avant le mariage sans se faire du souci ou sans éprouver un sentiment de culpabilité.

Par contre, quand il commence à subir les conséquences d'un tel comportement soit par la conception d'un enfant pour lequel il n'était pas prêt, soit en attrapant une IST (*infection sexuellement transmissible*), c'est alors qu'il commence à se rendre compte des conséquences d'une vie déréglée et non conditionnée selon les plans de Dieu.

Le discernement est un don que nous prélevons dans la réserve inépuisable de la Parole de Dieu. En dehors de la Parole de Dieu, il n'y a rien de fructueux ni de durable que nous puissions espérer. Néanmoins, nous sommes naturellement tentés et attirés par tout ce qui est nocif pour notre santé et notre croissance spirituelles. C'est seulement par la sagesse et l'application intelligente de notre don de discernement que nous serons capables de dissuader les convoitises et les tentations qui nous hantent de toutes parts. Nous pouvons renoncer à un plaisir parce que nous en connaissons déjà les conséquences. C'est seulement par le renouvellement de notre pensée et la transformation de notre esprit que nous pourrons vaincre la tentation.

b) Le discernement : élément moteur de notre système de croyances

Le système de croyances se définit comme un point de référence à partir duquel on juge tout. C'est ce sur quoi s'appuie tout notre jugement. C'est en quelque sorte, le cœur de toute décision personnelle. Le système de croyances ne se préoccupe pas d'un problème en soi, mais des causes d'où émane le problème. Tous, nous avons eu des expériences personnelles bonnes ou mauvaises dans notre vie, ces expériences ont joué à coup sûr ou jouent encore un rôle dans notre vie. Certaines d'entre elles restent ancrées dans notre mémoire et rien ne pourra les y soustraire.

Elles sont une partie de nous-mêmes, et par conséquent, nous appartiennent en propre et affecteront toute notre vie.

Le malheur de certains, c'est de croire que par leurs erreurs ou leurs échecs qui constituent, comme nous venons de le montrer, une partie de nous-mêmes, nous n'arriverons jamais à réaliser les exploits auxquels Dieu nous a assignés depuis la fondation du monde. Cela est un mensonge que nous devons indiscutablement éradiquer.

En effet, la connaissance de la Parole de Dieu exige de chaque chrétien d'objecter ou de neutraliser tout élément négatif concourant à sa perte. Il faut toujours s'armer de courage afin d'empêcher les autres de prophétiser des malheurs sur notre vie et sur notre avenir. S'il est possible de rejeter les thèses négatives relatives à notre progression matérielle, il est tout aussi possible de rejeter d'un revers de main le péché en changeant notre système de croyances vis-à-vis de ce dernier.

Pour y arriver, il nous faut une dépendance totale de notre être à Dieu, base formelle de tout changement véritable, la tentation frappera toujours à notre porte et nous n'en sommes pas forcément responsables. Mais quand nous acceptons de lui ouvrir la porte et de succomber à son emprise, cela devient un choix délibéré. Dieu dit à Caïn : « ...Le péché se couche à la porte, et ses désirs se portent vers toi, mais toi, domine sur lui », (Genèse 4 : 7b).

L'apôtre Paul, de son côté, enseigne aux chrétiens de Corinthe (I Corinthiens 10 : 13) de remémorer cette promesse : « *Aucune tentation ne vous est survenue qui n'ait été humaine, et Dieu qui est fidèle, ne permettra pas que vous soyez tentés au-delà de vos forces ;*

mais, avec la tentation il préparera aussi le moyen d'en sortir, afin que vous puissiez la supporter. »

Nous devons savoir que notre système de croyances domine et est en contrôle de notre vie. Tout ce que nous disons reflète forcément ce que nous ressentons et croyons. Notre système de croyances enregistre les causes de nos plaisirs et les utilise à travers notre mémoire ; l'inverse est tout aussi vrai. N'oublions pas que les expériences personnelles font partie de notre système de croyances. Il n'enregistre pas le mal ou le bien en soi, mais ce qui s'en trouve à la base ou à l'origine. Il utilise les expériences du passé pour juger notre futur. Si notre système de croyances est corrompu, pour tout éventuel renouvellement de notre pensée, nous devons obligatoirement nous doter d'un nouveau système de croyances.

c) Le vrai changement : résultat d'un nouveau système de croyances

On peut facilement se laisser distraire ou passer des heures à regarder la télévision sans se sentir ennuyeux ni fatigué. Nous avons tendance à gaspiller la plus grande partie de notre vie dans la complaisance et le confort. Mais, quand il s'agit de consentir des efforts, soit pour lire un livre, soit pour faire des exercices physiques, on se trouve dans un état d'embarras énorme vu que notre système de croyances ne soit pas prêt à accepter ce sacrifice.

Alors l'unique moyen d'en sortir, c'est d'adopter un nouveau système capable de nous faire voir notre réussite à travers l'effort et le travail. « *Le changement n'est possible que pour celui qui le veut.* » L'obstacle au changement est nécessairement intérieur. C'est pourquoi il ne peut être ni un cadeau ni le fruit d'une action fortuite ; mais plutôt l'exigence d'un prix à payer ou le résultat d'un choix.

Quatre sources d'influence sur notre système de croyances :

a) Notre environnement

Au Psaume Ier, l'auteur débute avec le mot « Heureux » pour témoigner que celui qui veut plaire à Dieu pourra également bénéficier de tous Ses bienfaits. C'est un devoir pour nous d'éviter certaines compagnies. Dans ce texte, l'auteur présente les caractéristiques d'un homme se dotant d'un environnement sain. Il n'aura pas à obéir aux désirs des méchants en voulant se détourner du bien, il ne tombera pas dans des situations de moquerie pour s'attirer des malédictions et ne deviendra jamais lui-même un méchant. Il trouvera plutôt tout son plaisir dans la Voie de Dieu.

L'environnement exerce une très forte influence sur notre système de croyances. Notre environnement peut être aussi un grand danger pour notre santé spirituelle. Nous devons savoir comment nous y prendre, faire usage de sagesse pour pouvoir le gérer. Le changer ou nous en créer un autre qui pourra mieux convenir à nos priorités et à nos projets. Le changement exige du temps, il ne s'opère ni par miracle ni par grâce, il faut en payer le prix. Il est le résultat d'une volonté et d'une décision accompagnées d'une action concrète. C'est ainsi que l'on pourra triompher de tout désir contraire au Plan de Dieu.

b) Ceux qui sont proches de nous

Il y a certaines personnes qui, naturellement, impressionnent notre vie et obtiennent facilement notre confiance. Il y en a d'autres qui nous inspirent à notre tour confiance sans trop grand effort.

Nous avons tendance parfois à admettre leurs points de vue sans la moindre objection.

Généralement, en tant que chrétiens, c'est un élément ou un instrument que Satan utilise pour influencer notre système de croyances et même notre vie. Parmi ces gens peuvent figurer nos parents, nos amis, nos enfants, nos frères et sœurs, des personnes très chères à nous, des pasteurs, des professeurs. Quelquefois, nous accordons tellement d'importance à leurs points de vue et leur témoignons tellement de respect, qu'ils nous traitent comme bon leur semble sans aucune réaction de notre part.

Aujourd'hui, si nous voulons réussir à déclencher et vivre le changement véritable dont nous parlons, il nous faut détrôner ces gens dans la mesure où ils s'insurgent dans notre mentalité et notre système de croyances. Ce sont des accointances dont dut s'en détourner David afin de vaincre le géant philistin et obtenir ainsi la récompense promise par le roi Saül. Nous devons beaucoup travailler afin d'éviter ces traumatismes à nos descendances. Pour cela, nous devons nous créer un nouveau système de croyances et refaire notre image de soi sachant avec persuasion que les jugements injustes ou les opinions erronées d'autrui ne sont que de purs mensonges.

c) Nos paroles négatives

Le fait de toujours écouter ou répéter une information peut réellement influencer positivement ou négativement notre façon de vivre. Cela constitue un élément important dans notre système de croyances. Généralement c'est l'aspect négatif qui a toujours tendance à dominer. Paul nous dit qu'il est plus facile de faire le mal que le bien, car à chaque fois qu'il veut faire le bien, c'est le mal qui s'impose.

Face à cette situation, l'idée de nous blâmer et nous culpabiliser va régner en maître. Mais une chose très importante à se retenir, c'est le péché en nous qu'il faut condamner. Ce problème est à l'intérieur de nous et il nous est impératif de le maîtriser et de l'extirper en embrassant un nouveau mode de vie par une pensée renouvelée en Christ. Ne nous occupons pas des propos méchants des autres, mais adonnons-nous à Dieu et nous verrons sa gloire briller sur notre vie.

d) Nos expériences personnelles

Nos expériences personnelles représentent la plaque tournante de notre système de croyances. Souvent elles nous font remonter au passé pour questionner notre avenir. Certaines fois, elles nous créent des traumatismes ronflants pour nous porter à nous décourager et à nous détourner de la vraie vie. Aussi faut-il souligner que lorsque l'esprit est renouvelé, nos expériences nous aident à franchir des pas de géant avec Dieu, en nous dépendant de Son pouvoir de nous changer ou de changer une situation dans laquelle nous nous trouvons. De ce nouveau système de croyances naissant d'une foi intelligente en Dieu dérivent quatre facteurs de réactions.

- Notre nouveau système de croyances nous permet d'envisager des décisions capables de prévenir les tentations et dominer les épreuves qui nous assaillent à longueur de journée à travers un langage et un comportement dignes d'un homme né de nouveau.

- Notre nouveau système de croyances définit notre perception de la vie. Nous sommes devenus des visionnaires au lieu de tenir compte de la réalité des faits.

- Notre nouveau système de croyances détermine notre zone de confort. Il nous indique nos points forts et nos faiblesses.

Il fait surtout appel à la foi, élément vital pour une vie florissante en Christ.

- Notre nouveau système de croyances détermine notre état émotionnel. Ce ne sont plus les situations qui nous contrôlent, mais c'est ce nouveau système qui dicte nos réactions. Il nous permet de considérer les situations difficiles non comme un obstacle mais comme une opportunité.

CHAPITRE III

Le carrefour incontournable du changement

Rappelons-nous que toute chenille est un papillon en devenir, que sa transformation inévitable requiert du temps et un effort qui permettront à ses muscles de se développer et se fortifier afin qu'elle devienne effectivement le papillon auquel elle est destinée. À l'instar de la chenille, le croyant est appelé à renaître des cendres du passé en permettant à la Parole et à l'Esprit de Dieu d'imprégner et de remplir son être intérieur :

« C'est pourquoi, selon ce que dit le Saint-Esprit : Aujourd'hui, si vous entendez sa voix, n'endurcissez pas votre cœur, comme lors de la révolte, le jour de la tentation dans le désert », (**Hébreux 3 : 7-8**).

Sans vouloir importuner personne, il est donc un devoir de vous rappeler que le changement n'est pas le fruit du hasard, c'est le résultat d'une décision. Il prend du temps, mais nous osons poser cette interrogation : quelle est l'exigence du changement et comment y arriver ?

La réponse se trouve circonscrite dans Romains 12 : 2 : *« La transformation ou le renouvellement de la pensée et de l'intelligence »*. Celle qui est fiable, c'est celle qui s'opère dans notre intelligence. Tout notre système de croyances repose dans notre cerveau. C'est pourquoi, Satan cherche à s'en accaparer pour nous égarer sur la voie du mal et de la défaite. Heureusement, Dieu notre Créateur et Sauveur avait déjà préparé son plan pour nous le sauvegarder et le transformer à notre bien et à Sa gloire.

Transformons la forme

a) Le changement : un effort de volonté axé sur Christ

Jésus a dit : « *Je suis le cep, vous êtes les sarments. Celui qui demeure en moi et en qui je demeure porte beaucoup de fruits car sans moi vous ne pouvez rien faire. Si quelqu'un ne demeure pas en moi, il est jeté dehors, comme le sarment et il sèche ; puis on le ramasse, on le jette au feu et il brûle* », (Jean 15 : 5-6).

Ici, le Maître nous ordonne de rester en contact intime avec Lui pour pouvoir produire des fruits. Il peut arriver que nous ayons un peu de volonté de fuir le mal, mais que par notre faiblesse nous nous laissons succomber sous son poids. Le changement qui nous affecte réellement c'est celui dépendant de l'aide du Seigneur, manifestée à travers le Saint-Esprit.

Il y a certaines personnes qui sont incapables de résister à la propension de courir vers le mal. Souvent, elles s'apitoient n'avoir pas le pouvoir de dominer leurs faiblesses. Certainement nous pouvons avoir la volonté de résister à la tentation, de lutter de toute notre force pour rompre avec le mal. Toutefois, il s'avère impossible à l'homme de se transformer par lui-même. D'où l'interrogation qui est toujours d'actualité : qu'entendons-nous par changement ?

Le changement, ce n'est pas un résultat qu'on obtient en se claquant les doigts ou par un coup de baguette magique. C'est un long processus de modification par évolution. Dans cette perspective, interviennent les notions d'espace et de temps. Il y a en effet, un environnement et un temps propres au changement. En ce sens, nous pouvons déduire que le changement est une disposition à se transformer ou à être transformé. Quoiqu'il en soit, aucun changement n'est possible en dehors d'une intervention spéciale du Saint-Esprit. On pourra beau se disposer et exprimer le vif désir de changer ou d'être changé sans jamais pouvoir y arriver.

Jésus a dit : « *Sans moi, vous ne pouvez rien faire* », (**Jean 15 : 15**). Ce que le Maître a voulu faire ici, c'est d'attirer notre attention sur notre finitude, notre incapacité à faire de par nous-mêmes ce que Dieu nous avait donné le pouvoir de faire depuis la fondation du monde. Son Esprit en nous, c'est notre force. Par Lui nous pouvons non seulement décider de changer ou d'être changés mais aussi de continuer à mouvoir dans ce changement et porter des fruits, selon la volonté de notre Père.

Le prophète Esaïe rassure que Dieu donne de la force à celui qui est fatigué, et augmente la vigueur de quiconque tombe en défaillance. Des adolescents peuvent se fatiguer et se lasser, des jeunes hommes peuvent chanceler ; mais ceux qui se confient en l'Eternel renouvellent leur force. Ils prennent leur vol comme les aigles ; ils courent et ne se lassent point. Ils marchent et ne se fatiguent point. Si nous nous retrouvons seuls sur le chemin du changement véritable, nous n'arriverons à rien de consistant ni de satisfaisant. Cependant, l'aide qui nous arrive du Saint-Esprit est le tremplin qui assurera notre épanouissement spirituel et notre élan vers la vie que Dieu nous avait destinée et pour laquelle Christ a endossé le sort ignominieux de la croix.

Dans ce passage, le prophète a choisi la jeunesse, symbole de la force et de la vigueur, pour dire que sans l'aide du Saint-Esprit nous ne pourrons réussir quoi que ce soit quand même notre motivation ou notre volonté aurait été des plus intenses. La raison en est que l'homme charnel est, par nature, impuissant et incapable de satisfaire Dieu et se satisfaire lui-même. Cela ne signifie pas que nous devons cesser de consentir des efforts personnels et

Transformons la forme

intentionnels. Au contraire, nous devons dorénavant envisager nos efforts à travers l'aide que nous apporte le Saint-Esprit.

Pour atteindre le niveau de vie standard de Dieu, nous devons travailler et déployer de grands efforts physiques pour y arriver. Pour exceller dans le champ du Seigneur et être utile dans son Royaume, il y a toujours un prix à payer, et ceci est valable à tous les échelons de la Vie et dans notre marche avec Dieu. Le Seigneur nous met tous en présence de notre responsabilité et de notre mission sur la terre. Il veut que nous nous appliquions à Sa sagesse, au lieu de chercher égoïstement la satisfaction de nos propres désirs et de nous ériger constamment en obstacle contre Son plan pour notre propre vie.

C'est ce qui explique aujourd'hui que quelques hommes - *se croyant érudits et maîtres de leur destin* - essayent de se procurer leur propre raison de vivre en se livrant à toutes sortes de convoitises et d'abominations. Satan est à l'œuvre, il mobilise toutes ses ressources pour porter les hommes à nourrir de telles pensées. Il essaie de les conduire dans les voies faciles où ils n'auront pas trop d'efforts à consentir. Cependant il peut arriver malheur à celui qui pense être capable de combler son vide de manière personnelle sans Dieu.

Dieu, au contraire, est disponible et veut nous aider à nous détourner définitivement du mal et nous léguer le pouvoir de le dominer sans que rien ne puisse nous nuire. Réclamons l'aide de Dieu pour triompher de notre état de détresse et nous placer à la position idéale pour produire beaucoup de fruits.

b) Le changement : une responsabilité personnelle

C'est notre responsabilité d'entreprendre des initiatives relatives au changement nécessaire et inévitable dans notre vie. Personne ne peut le faire à notre place. Autrement nos parents auraient réussi à notre place. Personne ne peut nous forcer à changer. Nous devons nous exposer à une situation de changement en prenant personnellement notre décision. Quand nous manifestons notre volonté de changer, Dieu est prêt à intervenir dans notre vie pour nous venir en aide. Il ne peut pas nous prodiguer son aide sans d'abord Lui montrer que nous comprenons la nécessité de l'apport. Dieu ne fait rien dans notre vie sans notre permission et notre participation. Satan ne veut pas que nous manifestions de tels désirs.

Subtilement, il essaie de semer des idées erronées à travers nos pensées afin de nous faire continuer à essuyer certains échecs. Par ses trucs, il tente de nous contrôler et de nous garder sous son emprise. Il est très astucieux et dispose de plusieurs méthodes pour opérer à travers nos pensées. C'est pourquoi nous devons faire montre d'attachement et d'allégeance au Saint-Esprit afin de Lui permettre d'agir efficacement et en toute quiétude dans notre vie. Il va sans dire que nous sommes responsables de nos défaites et de nos misères.

En réalité, Satan n'a aucun pouvoir sur nous. Il suffit que nous ayons la capacité de distinguer la Pensée de Dieu de celle de Satan. Cependant, pour que cela soit possible, nous devons dépendre totalement de notre Dieu. L'ennemi n'a aucun droit ni aucun pouvoir sur notre vie. Ne laissons pas les pensées impures régner sur notre être. Si ces dernières arrivent à maturité, elles pourront entraver notre épanouissement personnel et nous conduire sur le chemin de la destruction. Rejetons ses idées macabres ; rappelons-nous que Jésus-Christ nous a déjà donné la victoire ; fuyons toute peur car le malin a été dépouillé de ses capacités par la démonstration de la Toute-Puissance de Jésus-Christ à la croix.

Souvenons-nous toujours que personne ne peut nous forcer à faire quelque chose que nous ne désirons pas. Même Dieu ne peut user de son pouvoir pour nous forcer à faire ce que nous ne voulons pas. Dieu peut nous proposer d'agir d'une façon ou d'une autre. Cependant il nous incombe toujours la tâche de prendre la décision finale. Si Dieu, le Maître du ciel et de la terre, choisit de ne pas nous forcer à agir contre notre volonté, à plus forte raison nul autre que nous ne peut nous porter à prendre une décision que nous ne voulons pas.

Certes, le diable est bien imbu de notre nature pécheresse. Il connait nos faiblesses et fait tout ce qui est en son pouvoir pour influencer notre comportement vis-à-vis de Dieu. Il cherche à ruiner notre vie sans pour autant utiliser la force et la violence. Il veut introduire dans notre esprit des pensées négatives et ainsi détruire ce que Dieu a déjà érigé en nous pour la consolidation de notre relation avec Lui. Dans II Corinthiens 10, 3-5, Dieu nous donne la garantie nécessaire d'intervenir dans notre vie, si nous le Lui demandions.

Dans ce passage, l'apôtre Paul nous rappelle que la vie que nous menons sur la terre n'a pas uniquement une portée charnelle, notamment le combat que nous engageons contre le serpent ancien, le prince de ce monde des ténèbres et le père du mensonge. C'est un adversaire rusé qui prend plaisir à s'immiscer dans nos moyens de défense, il connait les domaines dans lesquels nous excellons.

Ainsi, il essaie de construire dans notre vie des forteresses dont lui seul détient le pouvoir de contrôler. Ces forteresses sont nos vieilles habitudes, nos mauvais désirs, nos pensées controversées, nos propos indécents et insensés, la négligence dans les choses divines, la médiocrité, la paresse, la fornication, l'adultère, la nonchalance dans les affaires de Dieu, la pornographie entre autres. Ces édifices gigantesques représentent un danger certain pour notre vie. Heureusement, nous ne sommes pas des laissés-pour-compte. Jésus-Christ a tout prévu et c'est ce que Paul nous révèle dans le passage suivant :

« *Si nous marchons dans la chair, nous ne combattons pas selon la chair. Car les armes avec lesquelles nous combattons ne sont pas charnelles ; mais elles sont puissantes, par la vertu de Dieu pour renverser les forteresses. Nous renversons les raisonnements et toute hauteur qui s'élève contre la connaissance de Dieu et nous amenons toute pensée captive à l'obéissance de Christ* », (**2 Cor 10 :3-5**).

Nous ne devons jamais oublier que nous avons la responsabilité de nous aligner sur la position de changement durable que le Christ nous a procurée. C'est à nous de désirer le changement en prenant la bonne décision qui conduit à cette voie. Il est aussi obligatoire de nous munir de connaissances appropriées à cette fin et surtout un minimum d'honnêteté qui nous mettra en face des besoins de changer et une décision renforcée du désir d'accepter la vérité.

c) Le changement : une action de discipline et de constance

Notre système de croyances détermine notre vie. Il enregistre les causes de nos douleurs et de nos plaisirs. Pour espérer le changement, nous devons nous rappeler que c'est un processus très long pour lequel nous devons témoigner un intérêt particulier. Il nous faut chaque jour répéter les principes du changement et nous rappeler leur application guidée par la Parole de Dieu. *La répétition renforce le changement.* Or sans la discipline, c'est-à-dire sans le respect des normes et un ardent désir de réussir, nous sommes déjà voués à l'échec. Le véritable changement surviendra seulement quand nous faisons de la persévérance et de la consistance nos armes. Sinon, trois obstacles risquent d'assiéger notre pensée et nous faire croire que cela importe peu et que nous n'avons pas besoin de vivre selon les préceptes de Dieu. Ce sont :

a) Les fausses croyances,

b) Les excuses,

c) La satisfaction de soi.

CHAPITRE IV

Le mécanisme du changement

Le mécanisme du changement engendre entre autres quatre principes sans lesquels aucun changement profond n'est possible. Notre vie ne connaîtra pas de succès et nous resterons sous l'emprise du diable en subissant ses prétentions et ses oppressions, à moins de considérer ce mécanisme et de nous y appliquer.

En voici quelques-uns :

a) La confession de notre foi.

Jésus a dit : « *C'est pourquoi je vous dis : tout ce que vous demanderez en priant, croyez que vous l'avez reçu et vous le verrez s'accomplir* », (**Marc 11 : 24**). Satan ne peut discerner ce que nous imaginons ou pensons. Il puise uniquement dans ce que nous déclarons. Nous devons, par conséquent, être prudents aux paroles qui sortent de notre bouche ; celles-ci doivent être toujours en accord avec notre croyance. Si nous confessons régulièrement l'apparition du changement dans notre vie et y croyons fermement, au point d'agir en conséquence, rien ne pourra nous empêcher de l'expérimenter et d'harmoniser notre vie avec la volonté de notre Seigneur, qui ne souhaite que notre réussite dans une vie d'abondance et d'équilibre en toutes choses.

b) La soumission de notre plan à une personne capable de nous aider.

c) L'implication d'un personnage spirituellement adulte et moralement responsable dans notre vie.

d) L'agissement en fonction d'un engagement personnel.

Notre système de croyances détermine notre vie. Pour changer, nous devons nous rendre compte que notre réussite en dépend. Ce changement exige toujours de l'effort et des sacrifices. Rappelons-nous que tout changement suscite un effort de notre volonté assisté d'une aide surnaturelle. Si nous méditons de faire le mal, les mauvais esprits sont déjà disposés à supporter l'auteur de l'acte dans son accomplissement. De même, si c'est le bien qui occupe notre pensée, le Saint-Esprit veut nous apporter son aide pour nous mettre dans la position idéale en vue de plaire à Dieu.

Le changement, avons-nous dit, est le résultat d'une décision personnelle susceptible de provoquer des souffrances morales et même parfois physiques. Il nous fait rompre avec nos vieilles habitudes et nos mauvaises fréquentations pour en adopter de nouvelles capables de nous faire progresser spirituellement.

Souvent, il réclame des déchirures douloureuses pour la vie ; soit l'amour d'un être cher, soit l'amitié d'une personne qui a déjà franchi les préliminaires pour atteindre sa maturité. N'oublions jamais que le changement arrivera à coup sûr. Nous changeons que nous le voulions ou non, que nous en ayons conscience ou non. Puisqu'il en est ainsi, il vaudrait mieux décider comment aller à la rencontre de ce changement. Comme il n'y a pas que le bonheur qu'un changement puisse procurer, nous devons également chercher à comprendre et accepter les sacrifices qui y sont inhérents.

Voici quatorze étapes vers un changement réel :

1) Rompre d'avec nos vieilles habitudes. (1 Cor. 13 :11)

2) Croire dans notre cœur que le changement est toujours possible avec l'aide du Saint-Esprit. (Marc 9 :23)

3) Adopter une vie de victoire et une prédisposition à réussir. (Proverbes 1 : 26)

4) Consentir d'abord aux premières souffrances afin de jouir ensuite les multiples bénéfices du changement. (Proverbes 10 :4)

5) Se pardonner et se libérer des méandres du passé (Marc 11 :25,26 ; 2 Cor. 2 :10)

6) Développer sa confession de foi. (Job 1 : 8 ; Proverbes 18 : 21)

7) Imposer son autorité sur les forces du mal (Éph. 6 : 13, 2 Co.r 10 : 3-5)

8) Chercher un bon modèle et l'imiter (Proverbes 13 : 2)

9) Abandonner les influences négatives et les relations susceptibles de compromis. (Proverbes 22 : 24 et 14 : 7)

10) Développer une stratégie personnelle de réussite (Éph 5,15)

11) Se soumettre à une autorité spirituelle fiable à qui vous devez régulièrement rendre compte. (Psaumes : 15 : 5 et 16 : 20)

12) S'engager dans le service désintéressé pour aider diligemment les autres (Jean 13 : 14 / Philip 2 : 3)

13) Apprendre à louer et adorer Dieu de manière consistante et extravagante. (Jean 15)

14) Maintenir votre cap avec patience et éviter toute déviation (Prov. 4 :23-27)

Transformons la forme

Notre succès spirituel passe d'abord par notre désir de changer. Toute forme de compromis ou d'accommodement à notre état de chenille ne peut que nous frustrer, et nous procurer des déboires. Comme la chenille, l'homme n'a pas été créé pour ramper, mais pour prendre le vol comme l'aigle et dominer sur toute la création et son contenu.

Aujourd'hui, l'un des problèmes majeurs auxquels l'homme fait face c'est son inaction par rapport à la Vérité de Dieu. En d'autres termes, connaissant la vérité à son sujet, l'homme demeure jusqu'ici inactif et improductif. Rien de ce qu'il a entendu n'a de valeur spirituelle réelle pour lui. Cette attitude représente un danger énorme à toute croissance spirituelle véritable.

Six stratégies pour arriver au changement :

a) Établir la vérité sur soi-même

C'est-à-dire de reconnaître son état de faiblesse en réfutant toute excuse. Choisir de mieux se connaître en identifiant et en admettant son problème. Faire preuve d'honnêteté envers soi-même.

b) Reconnaître le défi à relever

Il faut payer le prix du changement en se rendant compte que tout changement implique une conséquence. Désirer prestement changer, en croyant que Dieu est disposé à nous faire expérimenter le changement véritable et durable. Les processus d'un changement peuvent paraître durs et difficiles, cependant, un fait est que, si nous voulons réellement changer ou être changés, aucun prix n'est jamais trop élevé, aucun voyage n'est trop long, aucune énergie n'est trop précieuse, aucun sacrifice n'est trop douloureux.

c) Avoir toujours une réponse spontanée

Celle-ci doit être en rapport avec la Parole pour repousser les éléments négatifs très loin de notre vie. Ils peuvent être nombreux. Souvent ils se présentent à travers le mari, la femme, les enfants, les parents, les amis, entre autres. Leur rôle est de réduire notre espérance par le découragement pour nous empêcher de penser positivement.

d) Éliminer les mauvaises habitudes et se défaire de leurs liens.

Répondre incessamment non au mal et choisir de s'attacher continuellement au bien et de le pratiquer peu importe les circonstances.

e) Glorifier Dieu continûment pour les résultats du changement qui se complètent en votre faveur.

f) Devenir responsable par vis-à-vis au changement.

CHAPITRE V

Le compromis : ennemi du changement

Le compromis se définit comme tolérance volontaire et la participation à un acte malhonnête. Le chrétien doit se révolter contre le mal. Notre volonté doit se soumettre à l'Esprit de Dieu. Il est vrai que ceux qui ne connaissent pas Christ peuvent s'adonner à la corruption et au compromis. Pour eux, cela paraît normal ; pour nous, c'est tout à fait contraire. Notre devoir exige que nous nous armions de courage pour invalider et révoquer énergiquement de tels comportements.

Nous ne pouvons pas admettre le compromis comme principe de vie. Tout chrétien se conduisant de cette manière souffre d'une crise d'identité et d'un problème de conviction. Pour toute personne normale, le compromis ne devrait jamais être une option. Il est écrit :

« *Vous, au contraire, vous êtes une race élue, un sacerdoce royal, une nation sainte, un peuple acquis, afin que vous annonciez les vertus de Celui qui vous a appelés des ténèbres à son admirable lumière* », (**1 Pierre 2 :9**).

Il est grand temps de nous mettre au diapason avec les principes de Dieu. Tâchons de revêtir un nouveau style de vie qui puisse témoigner des vertus de Dieu. Là où il y a la tolérance du mal, il n'existe aucun standard de bien et de justice.

Ceux qui acceptent et pratiquent le compromis font preuve d'une déficience de conviction telle que cela leur amène à une vie déréglée et désagréable à Dieu. Qu'on le veuille ou non, cela va devenir leur seconde nature. Le compromis rompt avec la vérité. Il est un élément nocif à toute croissance spirituelle fiable. Celui qui fait le choix de vivre dans le compromis opte pour une vie remplie de tourments et d'entraves. Quand le choix se porte sur Christ en suivant le chemin de la Vérité, sans se mêler à des actes malhonnêtes, nous attirons les riches bénédictions de Dieu et du même coup nous nous ensemençons une vie de grandeur et de triomphe.

Toute la Bible confirme que Dieu a fait toutes formes de provisions nécessaires pour permettre à Ses serviteurs de s'épanouir et de prendre le large sans avoir besoin de frauder ou de négocier avec Satan pour un pain quotidien ou peu importe la raison qu'on peut en évoquer. Planifions plutôt notre menu en nous dépendant de Christ et en menant une vie propre, sans reproche devant Dieu.

Aujourd'hui, je veux insister sur la nécessité du changement dans notre vie. C'est donc un moyen sûr de devenir un bon exemple pour les autres qui n'en sont pas conscients et surtout pour ceux qui ne comprennent pas que Dieu leur avait conçu un plan de paix et de prospérité.

Je veux croire que la pratique de la vérité, de la justice et de la Parole de Dieu dans notre vie puisse vraiment nous amener là où nous désirons. Nous n'avons pas besoin de compromettre notre relation d'avec Dieu. Au contraire, commençons par nous afficher en modèles de juste, d'amants de la Vérité et en « *croyants* » convaincus de la Parole de Dieu.

Ainsi sommes-nous persuadés que les autres qui nous observent vont admettre qu'il leur est fait une obligation de suivre notre trace. Il est important de nous rappeler que Dieu nous a appelés à devenir cette typologie de personnes capables d'expérimenter le changement afin d'orienter les autres vers la voie du Seigneur qui s'est livré à la croix pour nous affranchir de la puissance du malin.

Je veux aussi attirer votre attention sur un fait très marquant et désolant en ces termes : quand nous nous laissons corrompre par le biais d'un compromis, nous nous exposons à ce qui est raconté par l'apôtre Paul dans son épître aux Romains : « *C'est pourquoi Dieu les a livrés à l'impudicité, selon les convoitises de leurs cœurs ; ainsi ils déshonorent eux-mêmes leur propre corps ; eux qui ont changé la Vérité de Dieu en mensonge, et qui ont adoré et servi la créature au lieu du Créateur, qui est béni éternellement* », (**Romain 1 : 24-32**).

Dans le vingt-huitième verset de ce même chapitre, Paul a fait cette déclaration : « *Comme ils ne se sont pas souciés de connaître Dieu, Dieu les livrés à leur sens réprouvé, pour commettre des choses indignes, étant remplis de toute espèce d'injustice, de méchanceté, de cupidité, de malice, pleins d'envie, de meurtre, de querelle, de ruse, de malignité ; rapporteurs, médisants, impies, arrogants, hautains, fanfarons, dépourvus d'intelligence, de loyauté, d'affection naturelle, de miséricorde. Et, bien qu'ils connaissent le jugement de Dieu, déclarant dignes de mort ceux qui commettent de telles choses, non seulement ils les font, mais encore ils approuvent ceux qui les font.* »

Si nous persistons à résister au changement, nous arriverons à un point de non-retour où Dieu nous livrera à la passion de nos désirs charnels. À ce stade, le changement ne sera plus possible.

Transformons la forme

Quand un chrétien se livre au compromis spirituel[1], Dieu l'abandonne à la passion de son cœur.

Aussi longtemps que nous n'accordons pas la place qu'il faut à la Parole de Dieu dans notre vie, notre relation avec Lui sera sans considération et un jour viendra où nous n'éprouverons aucun désir de le servir. Quand on est à ce niveau, même les Saintes Écritures n'auront plus d'effet sur nous.

Ne résistons pas au changement. Choisissons de faire confiance à la Parole de Dieu qui est le miroir au travers duquel nous pouvons voir notre vrai visage. Elle est un aide-mémoire capable de nous faire penser au besoin de renforcer notre relation avec Dieu. Quelle que soit notre position dans la moisson du Seigneur, peu importe l'ouvrier. Que nous soyons pasteur, diacre, évangéliste, apôtre ou autre, nous avons tous été appelés à offrir notre corps et notre cœur à Christ afin que le changement, qui doit nous amener à notre destinée, puisse s'opérer indubitablement. C'est un devoir payant d'obéir que de résister ce qui ne peut que nous apporter des remords, car, le Seigneur Dieu ne tient pas compte des apparences. Seuls les cœurs sincères et repentants bénéficieront de Son pardon et de Ses faveurs.

Par ailleurs, il faut toujours rappeler que s'associer au compromis n'est jamais un accident ni un hasard. Il est toujours un choix délibéré.

---

1   Compromis spirituel : Action par laquelle une personne choisit, soit par soumission à l'influence , soit par contrainte, de suivre une voie qui est opposée à la vérité de la Parole de Dieu. Le fait de faire taire sa conscience afin de se sentir libre pour agir à l'encontre de sa croyance et de ses convictions. Attitude méprisante et orgueilleuse au regard des vertus spirituelles et morales.

Transformons la forme

Personne ne se retrouve en situation de se compromettre parce qu'elle s'est simplement réveillée un beau matin et s'aperçoit être possédée, comme par magie, par un instinct de compromis.

Le compromis, c'est de la corruption. Or celle-ci est un esprit qui se nourrit et grandit jusqu'à devenir par habitude une forteresse. Pour ce faire, elle doit forcément trouver une atmosphère propice. Le compromis, c'est une tolérance et une participation à un acte auquel Dieu n'éprouve aucun plaisir. Dieu, par Son omniscience, ne peut accepter des excuses. Adam après son péché avait tenu sa femme pour responsable et à son tour, celle-ci avait accusé le serpent. Personne n'a voulu admettre son tort et assumer sa part de responsabilité. C'est le temps de nous évaluer et de nous mettre à la hauteur des promesses de Dieu pour notre vie. Dieu a déjà tout fait pour nous faciliter le changement. Les temps de gémissements et de vaines attentes des miracles qui n'en viendront jamais sont à présent révolus.

Désormais, nous devons faire usage de la Parole de Dieu en vue d'affronter notre ennemi et le renverser par le pouvoir de la Connaissance de Dieu. Notre Seigneur a dispensé à chacun de nous divers dons, des capacités et des potentialités énormes en vue de travailler et de prospérer dans son Royaume sur cette terre. Formons notre caractère et plaçons-nous dans une position favorable pour jouir de sa grâce.

Le changement peut paraître excédent en ce sens que nous sommes souvent contraints à accepter de perdre des superfluités en échange d'une vie comblée et enrichie en Dieu. Le compromis est à écarter quel que soit l'angle sous lequel il est considéré.

Il est dangereux pour notre digestion mentale et également nocif pour notre santé spirituelle. Il peut même nous conduire à un état de dépravation excessive, tel que décrit dans Romains 1, 24-32.

À remarquer que Dieu nous déclare tous justes ; mais il faut un processus pour le devenir. Alors, mettons-nous à la disposition de Dieu pour une bonne opération par le Saint Esprit afin de fuir ce fléau qui veut nous retenir sous le joug de la servitude et sous l'emprise du malin.

CHAPITRE VI

Quatre influences vers le compromis spirituel

L'élément le plus probant susceptible de conduire une personne au compromis spirituel et moral est le complexe d'infériorité. Il y a certaines choses auxquelles nous succombons, ce n'est pas réellement pour ne pas susciter de mauvaises impressions de la part de nos amis. Cette attitude est très négative et nous met généralement dans des situations vraiment critiques. Toutefois, quatre influences capables de nous amener au compromis spirituel requièrent de notre part une attention ponctuée :

a) *Demeurer en de mauvaises compagnies*[1]

Il faut nécessairement éviter les conseils des méchants pour bénéficier des bonnes grâces de Dieu. Le conseil des méchants est tout ce qui est contraire à la Volonté de Dieu. Beaucoup d'églises, aujourd'hui, sont en proie à ce poison violent qu'est le compromis. Il est très difficile d'établir la différence entre ces deux entités.

Si nous persistons à demeurer dans le compromis spirituel, cela nous deviendra tellement naturel qu'il nous sera très probable de n'en être jamais sorti. Dans 2 Corinthiens 6, 14-18, l'apôtre nous montre clairement qu'il n'y a et il n'y aura jamais de rapport entre l'infidèle et le fidèle, entre les ténèbres et la lumière.

En d'autres termes, le chrétien doit toujours se souvenir de son identité pour ne pas s'associer aux gens moqueurs, n'ayant aucun lien avec le Christ. En effet, le chrétien porte en lui le symbole de

---

1   Psaume 1, 1-6 et II Corinthiens 6, 14-18.

Christ, il représente Christ et en lui habite le Saint-Esprit. Il est une référence pour tous ceux qui ne connaissent pas le Seigneur Jésus. Les enfants de Dieu sont appelés à resplendir afin de porter ceux du dehors à envisager le changement exigé par notre raison d'être. Partout où nous nous trouvons, nous devons rayonner et porter les autres à suivre notre exemple. Ce n'est pas au monde de nous influencer, mais à nous de l'influencer, car nous sommes sel et lumière. S'Il nous demande d'accomplir Sa volonté dans notre vie, c'est parce qu'Il sait que nous en sommes capables.

En nous demandant de sortir du milieu d'eux; ce n'est pas pour les fuir ni pour les mettre à l'index, d'abandonner nos responsabilités ou notre travail. Il veut seulement que nous agissions différemment en donnant l'exemple d'une vie véritable et enrichie en Christ. C'est pourquoi l'apôtre déclare dans sa deuxième épître à l'église de Corinthe :

« Ayant de telles promesses, bien-aimés, purifions-nous de toute souillure de la chair et de l'esprit, en achevant notre sanctification dans la crainte de Dieu.[2] »

Voici quelques exemples de mauvaise compagnie :

- Tous ceux que nous fréquentons et qui affectent notre relation avec Dieu. Dans ce cas, il faut éviter ceux qui ne contribuent pas à notre développement spirituel.

- Toute relation avec les autres qui ne contribue pas à renforcer, mais à diminuer notre engagement envers Dieu.

- Toute relation qui ne permet pas une bonne communion avec Dieu constitue un piège pour le chrétien.

- Il faut toujours réévaluer chacune de nos relations avec les

---

2   2 Cor 7:1.

autres pour nous mettre en état de satisfaire Dieu et éviter les situations de compromis spirituel.

Il est important de souligner que notre relation avec les autres joue un grand rôle dans notre vie chrétienne. Elle détermine notre progression ou notre régression. Il est formellement recommandé d'évaluer et de réévaluer encore et encore notre engagement avec Dieu. Tout ce qui contribue à notre développement spirituel est à renforcer, et le contraire doit être rejeté sous toutes ses formes pour éviter que nous soyons honteux de parler de notre Sauveur, Jésus-Christ. Nous devons faire preuve d'intelligence en choisissant entre ce qui est passager et ce qui est éternel.

Dieu est éternel. En Exode 34, 12, l'Eternel Dieu a mis en garde le peuple d'Israël de ne pas faire alliance avec les habitants de Canaan pour éviter le piège du compromis. S''adonner au compromis spirituel, c'est ouvrir la porte à l'esprit de perdition.

Dans le livre des Juges 3 : 1-6 : l'Éternel Dieu a passé des instructions au peuple d'Israël de n'avoir aucune alliance avec d'autres peuples de peur d'être influencé et de se laisser corrompre jusqu'à servir leurs dieux. Faisant objection à ce précepte, les enfants d'Israël ont abandonné l'Éternel pour servir les idoles. Ainsi l'ont-ils payé cash :

« *Ils abandonnèrent l'Eternel, le Dieu de leurs pères, qui les avait fait sortir du pays d'Egypte, et ils allèrent après d'autres dieux d'entre les dieux des peuples qui les entouraient ; ils se prosternèrent devant eux, et ils irritèrent l'Eternel* », (**1 Roi 11 : 1-8**).

Transformons la forme

Les compromis sont à éviter. Notamment les relations mixtes concernant les sentiments amoureux et amicaux. Quand nous nous laissons entraîner par les désirs de la chair qui sont contraires à ceux de l'esprit, il est donc plausible de les satisfaire. La nourriture qui permettra à notre esprit de tenir sera insuffisante. N'oublions pas que le standard de Dieu, c'est la Sainteté. « Mais puisque Celui qui vous a appelé est saint, vous aussi soyez saints dans toute votre conduite, selon qu'il est écrit : vous serez saints, car JE SUIS saint», (1 Pierre 1 : 15-16).

Nous ne pouvons pas ignorer la situation dans laquelle se trouvait l'ecclésiaste. Le roi Salomon, en effet, par crainte de devoir faire la guerre aux ennemis de Dieu, choisit de s'allier à eux. Cette résolution déplut fortement à Dieu et il décida de le priver du trône. L'illustre carrière du roi Salomon sombra dans la déchéance à cause son attitude répugnante. Au lieu de repousser les ennemis, Salomon avait préféré de les attirer dans des compromis et par crainte d'être obligé de les affronter en guerre.

En cherchant à s'accrocher aux ennemis de Dieu, Salomon avait, au fait, déclaré la guerre à Dieu dont s'est fait son ennemi sans s'en être rendu compte. Préférer les hommes à Dieu par crainte de devoir les affronter est une insulte et un péché grave aux yeux de Dieu, (Colossiens 3 : 1-17). Celui qui choisit de marcher dans la présence de Dieu sera toujours récompensé. Pour éviter les compromis, Nous devons nous soumettre entièrement à Dieu et Lui obéir sans aucune hésitation.

Dieu nous invite à éviter le sentier des méchants et la voie des hommes mauvais (Juge 6 : 12). Dans une lettre à l'église de Colosse, l'apôtre Paul nous invite à nous affectionner aux choses d'En Haut et non à celles qui sont sur la terre en faisant mourir les membres de notre corps et en les privant des plaisirs charnels. Autrement, nous attirerons sur nous la colère de Dieu. Renonçons aux pratiques mondaines pour vivre rien que pour plaire et servir fidèlement notre Maître. Rappelons que nous sommes devenus une créature nouvelle en acceptant Jésus-Christ comme notre Sauveur. Ainsi devons-nous projeter une nouvelle image par rapport à notre ancienne vie (1 Pierre 1 : 16-16).

L'homme a besoin d'être bien imbu de la connaissance de Dieu pour que son esprit soit véritablement renouvelé. C'est ce qui explique toute l'insistance de Paul en cherchant à nous persuader de l'importance de notre transformation.

Quand Dieu, à travers Sa Parole, nous demande de ne pas nous conformer au siècle présent, c'est parce qu'Il connait notre nature à faire des choix faciles sans nous soucier des conséquences alors qu'Il nous appelle à être une race élue, un sacerdoce royal et une nation sainte. L'homme naturel n'est pas compatible à la destinée que Dieu lui a dévolue, voilà la seule et vraie raison de la transformation. Elle est un passage incontournable, une condition incontestable.

Le changement est une loi Divine à laquelle aucun homme ne pourra se dérober. Nous ne pouvons pas nous faire passer pour des interprètes de Dieu en cherchant à conformer ou tordre Sa Parole aux caprices de nos sentiments. La Parole de Dieu s'explique de par elle-même. Qui peut discerner la Volonté de Dieu, sinon celui qui est transformé par le renouvellement de son intelligence. La vie transformée se laisse voir à travers nos actions quotidiennes.

Transformons la forme

Si la vie de tout le monde reflète les informations sans fondement qu'ils ont reçues, pour nous autres, nos moindres faits et gestes doivent être en conformité avec la Parole de Dieu qui est la source d'informations fiables et une boussole sûre. Le chrétien, pour se distinguer du monde, n'a pas besoin de se munir d'une affiche indiquant qui il est ; la différence se laisse voir à travers sa vie.

Le compromis n'est jamais involontaire. Contrairement à la Volonté de Dieu, celui-ci est une tolérance volontaire à un acte malhonnête. Heureusement, Dieu use envers nous de la patience et de la miséricorde. La protection de Dieu est toujours disponible, mais uniquement pour ceux qui consentent à rester dans le périmètre qui leur est tracé.

Nous devons retenir qu'il y a certaines choses qui ne nous sont pas permises car quand nous prenons la liberté de les faire, elles nous enlèvent automatiquement la protection qui nous a été assignée.

Il est donc impossible de renverser l'ennemi en dehors de l'aide du Saint-Esprit. C'est un ennemi expérimenté qui a déjà combattu beaucoup de vaillants et de grands guerriers spirituels. C'est pourquoi le psalmiste nous recommande par ces paroles salutaires de ne pas nous mêler à ceux qui se moquent de la nécessité de changer : « *Heureux celui qui ne marche pas selon le conseil des méchants.* » (8) Toute personne qui n'est pas avec Dieu est contre Dieu et contre elle-même, ce qui la range du lot des méchants.

Celui qui, par contre, ne marche pas selon le conseil des méchants sera toujours heureux. Mais celui qui y prend plaisir expérimentera assurément de la douleur et des remords de s'être rebellé et d'avoir combattu Dieu. Ce n'est pas suffisant de se faire appeler chrétien. Beaucoup de personnes ne sont que des chrétiens nominaux. Ils chantent, dansent et louent le Seigneur. Ils organisent même des évangélisations et des missions dans des endroits lointains. Leur cœur n'en demeure pas moins mauvais et leur attitude répugne Dieu à cause de leur accommodement aux conseils des méchants.

Ici, le terme de méchant ne signifie pas forcément criminel ou meurtrier. Mais dans leur refus de servir Dieu, ils se mettent en contradiction avec sa parole et deviennent ainsi méchants. Voilà la cause de leur malheur. Le fait d'appartenir à une église n'est pas un automatisme programmé ni une qualification suffisante au salut et au bonheur. Il faut nous mettre en état de grâce et de dignité par les choix que nous faisons afin de bénéficier des bénédictions de Dieu et en jouir heureusement et au maximum. La mauvaise compagnie a pour rôle essentiel de nous soustraire à la Présence de Dieu pour nous faire partager la honte et le déshonneur des impies et des méchants.

b) Se retrouver à la mauvaise position

Pour pécher, il faut se retrouver dans un endroit propice. Satan est moins apte à agir dans un espace quand quelqu'un faisant autorité dans les sphères spirituelles et Divines s'y trouve. Même un individu n'étant pas né de nouveau peut jouir de la protection quand il se trouve dans le même espace qu'un serviteur de Dieu. Mais cela n'est point une garantie pour la personne non-convertie, parce qu'elle aura besoin que les anges lui assurent une protection personnelle et continuelle.

Transformons la forme

Pour ceux qui acceptent Christ, le malin essaie de les mettre hors des limites de la protection de Dieu afin de les attaquer et les vaincre. Quand les chrétiens se laissent entraîner dans la voie du mal, il s'avère très difficile de s'en rendre compte et de s'en libérer. Nous ne devons jamais oublier que pour pécher, il faut seulement nous retrouver dans la mauvaise position.

« Je vous ai écrit dans ma lettre de ne pas avoir des relations avec les impudiques, non pas d'une manière absolue avec les impudiques de ce monde, ou avec les cupides et les ravisseurs, ou avec les idolâtres ; autrement il vous faudrait sortir du monde. Maintenant, ce que je vous ai écrit, c'est de ne pas avoir des relations avec quelqu'un qui, se nommant frère, est débauché, ou cupide, ou idolâtre, ou outrageux, ou ivrogne, ou ravisseur, de ne pas manger avec un tel homme », (**1 Pierre 1 : 15-16**).

L'influence et le compromis sont deux éléments moteurs de la corruption. Aucune personne ou institution ou ministère n'est passible de compromis ou de corruption. Ce « *satanisme* » n'échappe même pas aux églises. Plusieurs d'entre elles arrivent à influencer les bonnes dispositions des gens à servir le Seigneur, à compromettre leur foi et même les initier à la corruption.

À cause de leur environnement et leur fréquentation, malgré leur désir de grandir dans le champ de Dieu, nombre de personnes deviennent « refroidie » en allant incessamment d'une défaite à une autre et expérimentent seulement les revers de tout ce qu'elles attendaient de cette tentative de vouloir connaître Dieu et marcher avec Lui.

La Parole de Dieu assure que nous n'avons pour limite que le Ciel, question de rappeler à notre intelligence que nous avons des potentiels énormes et des capacités infinies. Dieu veut que nous soyons des instruments puissants et utiles entre ses mains. Il veut nous utiliser pour accomplir des miracles dans notre vie et dans celle des autres. Ce ne peut être possible que par la connaissance de Sa Parole et notre disposition à transformer notre vie.

c) Participer aux mauvaises activités

Un autre exemple de mauvaise compagnie est la complaisance de l'homme à sa situation de faiblesse. Souvent ce sont nos faiblesses qui nous entraînent dans le dernier endroit où nous ne nous sommes pas censés nous retrouver afin de nous induire en erreur et nous rendre vulnérables. L'histoire de David en est une preuve flagrante. Cette expérience ne devait pas avoir lieu, parce que le peuple d'Israël était en état de guerre ; cela sous-entendait que le roi devait normalement être en état d'alerte et se retrouver sur les champs de bataille.

La Bible dit que David envoya Joab, avec ses serviteurs et tout Israël, mais il resta à Jérusalem. Il n'en fit pas ainsi non parce qu'il savait qu'il allait rencontrer Bethsabée ou parce qu'il avait un plan pour pécher contre Dieu. Un soir, il se leva de sa couche ; et, comme il se promenait sur le toit de la maison royale, il aperçut de là une femme qui se baignait et qui était très belle de figure. Séduit par sa beauté, David ordonna qu'on la lui amène. Elle vint vers lui et il pécha avec elle. D'où cette citation que nous répétons souvent au CDFTL : Si vous vous trouvez là où vous ne devriez pas être, vous allez voir ce que vous ne devriez pas voir et vous serez contraints de faire ce que vous ne devriez pas faire. Avez-vous remarqué la progression ? Tout commence par votre position.

d) Méditer sur les mauvaises pensées.

Le Livre stipule péremptoirement que la foi vient de ce que nous entendons. Il découle de cet enseignement un principe naturel et universel : « *Notre foi sera toujours fonction de ce sur quoi nous méditons le plus.* »

Si nous nous complaisons dans les Saintes Vérités de Dieu, notre pensée sera imprégnée d'une certitude totale qui nous permettra de faire l'expérience de la joie et du bonheur transcendant l'entendement humain. N'est-ce pas en vertu de ce principe que Dieu fit à Josué la recommandation que nous trouvons dans le livre de Josué au huitième verset du premier chapitre ? Ces lignes salutaires exposent les événements et les conditions qui caractériseront immanquablement la vie d'un homme qui médite constamment sur les Saintes Écritures.

a) Qu'arrivera-t-il à une personne qui médite les pensées mauvaises ?

Le principe de cause à effet est universel et par conséquent, applicable à tout homme sans acception de race, de couleur, de dénomination, ou de langues ou de croyances (religion quelconque). Une personne méditant sur des pensées négatives fera des expériences négatives.

La vie de tout homme prendra la direction de la pensée dominante de son esprit, c'est aussi simple que cela. C'est pourquoi, au Psaume premier, la Bible nous donne une mise en garde, savoir ne point se laisser séduire par les conseils des méchants.

L'apôtre Paul, pour sa part, surenchérit ce conseil par une recommandation, en disant :

« *Vous ne devez plus marcher comme les païens qui marchent selon la vanité de leurs pensées* », (**Éphésien 4 : 17**).

b) Pourquoi devons-nous éviter de méditer sur les mauvaises pensées ?

D'après le psaume premier, les mauvaises pensées ne demeureront pas de simples mauvaises pensées. Les grecs disent que : « *L'homme pense sa parole avant de parler sa pensée.* » Nous pouvons déduire, par-là, que la parole découle constamment de la pensée. D'où l'équation : la pensée donne naissance à la parole, la parole définit nos actions, nos actions génèrent nos habitudes et enfin nos habitudes façonnent notre destinée. C'est en connaissance de cause et en plein enseignement d'une vérité éternelle que Jésus inculque aux disciples cette notion de la Loi de la pensée :

« *Car c'est du cœur que viennent les mauvaises pensées, les meurtres, les adultères, les impudicités, les vols, les faux témoignages, les calomnies. Voilà les choses qui souillent l'homme...* », (**Matthieu 15 : 18-20**).

Plaire à Dieu et vivre victorieusement sur la terre n'est point un casse-tête chinois ni un étalage de savoir « abracadabrant ». Nous pouvons tous y parvenir en nous appliquant simplement aux prescrits de la Parole de Dieu et en nous soumettant au processus du changement inévitable et bienfaisant à notre raison d'être ici-bas.

Conclusion

Parler de conclusion dans le cadre d'un sujet de cette taille serait un manque d'élégance scientifique ou tout simplement une absence de probité intellectuelle. En effet, un sujet de cette trempe demande des bagages cognitifs et recherches assidues et continuellement renouvelées alors que vous et moi savons sans l'ombre d'un doute que l'homme est un être évolutif. Cela dit, nous n'avons nullement la prétention de dire que la thématique a été suffisamment épuisée.

Cependant nous avons vu dans ce petit canevas sur la pensée ce que c'est que la « *Transformation* » et ses sources d'alimentation bénéfiques ou désavantageuses selon la nature de votre choix : se détruire ou se déconstituer pour se reconstruire dans la dynamique de penser à la dimension Christique.

Kingdom Records Unlimited (KRU)
www.krunltd.com

ISBN 978-1-7346914-5-0

www.ingramcontent.com/pod-product-compliance
Lightning Source LLC
Chambersburg PA
CBHW071027080526
44587CB00015B/2528